AF578263

Je vous zen

Jean-Marc Bazy

Je vous zen

ISBN : 979-10-422-0125-8

Je

Qui es-tu ?
Je ne sais pas.

Bodhidarma à l'Empereur de Chine

Présentations

Vous : Pouvez-vous vous présenter ?

Je : Je ne sait pas vraiment qui est Je.

Je s'appelle momentanément un nom et un prénom, apparu dans le temps repère de heure, date et lieu de naissance, depuis le corps de Elle engendré par Lui.

Je est comme ligoté et structuré de ces informations.

Je a eu une enfance heureuse et inquiète jusqu'à quinze ans, âge auquel sa mère a rejoint le cosmos.

Avant ses quinze ans, Je essayait de se souvenir de sa vie avant sa naissance. Il y parvenait parfois par bribes, éclairs fugitifs et paisibles, puisés dans l'inconscient.

Je avait l'impression d'avoir toujours été là, mais Je admettait pouvoir se tromper, berné par ses sens ou une sorte d'espoir.

Je a, depuis ses quinze ans, beaucoup erré. Son père et ses maîtres des années 1960 après J.-C. en Occident pensaient que le travail, l'effort et l'argent (même si celui-ci était tabou dans son expression) conditionnaient le bonheur.

Mais ses maîtres ne disaient pas à cette époque que le bonheur était le but ultime. Le mot même n'était guère répandu. Mais il était comme certain que le bonheur ne pouvait être atteint que par la satisfaction des besoins. Je avait remarqué qu'il en avait beaucoup.

Je a grandi dans le silence post mortem de la disparition de sa mère, élevé par sa grand-mère et sa grand-tante, jusqu'à ses dix-huit ans.

Je avait été premier à l'école, prix d'excellence et fierté de ses parents. Je recevait des gifles un peu fortes qui brûlaient ses joues et lui tournaient la tête lorsqu'il n'était plus premier en classe.

Je avait peur de mal faire. Sans trop savoir ce que mal était.

Je s'est alors réfugié dans le monde des livres.

Le reflet de la lune dans le fleuve n'est pas la lune

Représentations

Vous : Qu'est ce que Je a trouvé dans le monde des livres ?

Je : Je a vu que dans le monde des livres une autre vie était possible, plus belle, différente, où franchir un pas de plus était encore faisable, toujours faisable. Je s'évadait. Je fuyait. Je était heureux dans l'autre monde des livres. Je avait moins peur dans le monde des livres. Cet autre monde était réel et non imaginaire.

Je vivait seulement dans sa tête, monde rendu possible par le silence.

Je dévorait tout ce qui lui tombait sous la dent, car Je avait toujours eu beaucoup d'appétit.

Je avait ainsi appris de bonne heure à esquiver le présent absurde ou cruel, les contrariétés, les douleurs, les mathématiques ou l'histoire pour lesquelles Je n'avait aucune mémoire.

Je pouvait pourtant apprendre par cœur s'il le voulait et laisser les choses gravées. Mais Je apprenait surtout à fuir cette réalité qu'il n'aimait pas. Ce père seul qui ne disait rien ; ces professeurs élégants et durs, brillants d'un esprit coupant, magnifiques et frivoles.

Je avait des amis, deux ou trois, qui avaient aussi vu la mort de leur père ou de leur mère et cette solidarité les avait rapprochés pour un temps.

Chacun essayait de s'accommoder de cet accroc, de le ravauder, de l'exorciser.

En fait, Je ne comprenait pas le monde réel.

Je voulait faire du théâtre pour jouer aussi sa vie. Mais son père lui dit que ce n'était pas un métier honnête et Je voulut lui faire plaisir en renonçant à ce projet. Mais Je se vengea plus tard de ce renoncement.

Je ne savait plus si même Dieu existait. Et pourtant, sa mère lui avait appris de bonne heure à réciter tous les soirs le Notre Père et le Je vous salue Marie, à genoux, au pied de son lit, comme une petite mécanique d'horlogerie régulière. Le père de Je, lui, n'y croyait pas.

Je n'adhérait pas non plus à ces simagrées, mais faisait plaisir à sa mère qui semblait y tenir et trouver du réconfort dans cette foi récitée.

La mère de Je avait perdu un enfant à dix ans, de sept ans l'aîné de Je. Cette perte avait saccagé la vie des parents.

Je comprenait ce saccage, accablé du poids de vouloir aider ses parents du mieux de sa présence, à la suite de ce frère mort, entrevu quelques fois, handicapé dans une poussette d'après-guerre.

Je n'avait aucune confiance en lui. Je était timide, mais avait très tôt été ému, touché, bouleversé, intrigué par la gent féminine.

Je avait commencé à explorer le corps de l'autre et avait ressenti de profonds émois troublés à cette découverte. Sa première histoire d'amour fut un rêve de départ. À l'étranger imaginé. Pour fuir, aux antipodes, pour se barricader encore davantage.

Je était amoureux et Je y croyait. Je se maria dès qu'il le pût. Seule solution à l'époque pour habiter avec une fille.

Je passa un concours administratif, le réussit, ce qui lui donna une certaine indépendance et Je s'inscrivit à l'Université. Droit, psycho & socio.

Je réussissait dès qu'il décidait qu'il le voulait. Je avait remarqué cela : il suffisait de se concentrer sur son but, d'y penser, de s'y fondre, et il pouvait le toucher, l'étreindre et l'obtenir. Cela le réconcilia avec le monde extérieur, légèrement.

Car Je avait toujours peur. Peur de ne pas y arriver, peur de ne pas toucher, peur de ne pas obtenir. Et cette inquiétude le rongeait.

À l'époque, l'obtention de Je consistait à vouloir décrocher son droit. Puis en route arriva l'idée de devenir avocat. Mélange de théâtre, de jeu d'échecs permettant de mater le monde, et parfois même de le changer pour les gens. Aider les gens, s'occuper de leurs problèmes semblait important à Je. Je n'était pas non plus insensible au prestige et à l'ascenseur social.

Je qui ne connaissait personne dans cette honorable profession alla rencontrer son Professeur de droit international privé, un poète que Je admirait pour lui demander si Je pouvait y arriver.

La blessure fut profonde lorsque le Professeur lui fit une réponse sceptique : si Je ne connaissait personne (ce qui était le cas), son devenir était aléatoire, incertain, sans succès. Il fallait appartenir à une caste pour percer.

Le Professeur était lui aussi dans une bulle, se trompait, mais Je l'ignorait.

Je en était à ressasser une pensée de Turgot : Qui décide des professions utiles ?

Cette blessure aiguisa l'ego de Je. Son amour propre blessé allait commencer à faire de lui un guerrier de la réussite qu'il n'était pas.

Je réussit ses examens comme un automate et prêta serment. Je n'était pas au bout de ses peines.

Elles commençaient d'une certaine façon.

Avaient-elles jamais cessé ?

L’enfer c’est les autres.

Sartre

Vous

Je : Et Vous, savez-vous qui vous êtes ?

Vous : Contrairement à Je, mais sans doute grâce à lui, Vous sait qui il est.

Je : Comme d'habitude, Vous est abscons et peu clair.

Vous : C'est que vous ne savez pas regarder.

Je : Seriez-vous Dieu ? Bien caché ? Vous qui savez avec beaucoup de certitude arrogante qui Vous êtes.

I
Somnolences

Vous savait qu'ils étaient nombreux, semblables au corps unique d'une ruche, d'une fourmilière, d'un banc de poissons, d'un vol d'étourneaux, fluide et uni comme une vague qui se retourne.

Vous était la ville, la mégalopole avec ses gémissements et ses bruits incessants de climatiseurs et de klaxons, enfumée, enfiévrée, affairée.

Vous était l'Église remplie de monde un soir de messe de Noël, rangé en rangs serrés tricotés par une main invisible.

Vous était les jours d'affluence dans les grands magasins, la pénurie d'essence, les gens qui s'agglutinaient, qui s'arrachaient les derniers paquets de sucre et de farine.

Vous était ces samedis soirs de boîtes de nuit d'alcool, ces mains et ces bras levés des stades, ces corps furieux de voir leur équipe prendre un but, ces colères collectives et ces hystéries bizarres. Vous hooligans. Vous les tribunaux, les commissariats, les administrations.

Vous était la grande muette, hydre sombre qui tuait ses enfants en les envoyant baïonnette au canon sur des fronts victorieux de bouchers. Vous chair à canon.

Vous était les manifs contre l'état policier et la mondialisation économique, asphyxie de la planète. Vous CRS SS.

Vous était les cafards dans les aéroports du tiers monde.

Vous était les foules. Vous était derrière Ghandi, Martin Luther King, Mao ou Hitler et Polpot. Vous était la guerre et les avions lâchant leurs bombes sur Dresde ou Hiroshima. Vous était ces corps brûlés, indistincts et pitoyables. Vous était les charniers boueux, le Cambodge et ces crânes empilés dans les rizières. Vous était l'Arménie, la Shoah, le Rwanda. Vous génocide.

Vous était dans les prisons, vous était les prisons.

Vous était les gouvernements anonymes froids, calculant l'intérêt des nations, les multinationales calculant l'intérêt des actionnaires.

II
Éclairs

Vous était les pierres des montagnes quand personne ne pouvait les franchir. Vous était la lune avant 1969 apr. J.-C., les galaxies inexplorées.

Vous était l'inexplicable, la butée de la science.

Vous n'était pas atteignable. Vous avait le champ libre. Vous était l'Autre. Vous était l'étrange. Vous était l'étranger, l'immigrant, le nomade.

Vous était le fond indicible des océans, l'air respiré, l'éther étouffant. Vous était le lieu où l'on étouffe et où l'on se meurt.

Vous était la limite, la frontière, la peau, le miroir où l'on ne pouvait aller de l'autre côté.

Vous était sans consistance. Vous semblait ne jamais pouvoir être touché, comme un pic enneigé qu'aucune main ne pourra saisir.

Vous était le soleil que nul ne peut regarder en face. Vous était la fusion brûlante, le volcan en éruption et ses fleuves de boue incandescente d'une nuit bleue.

Vous feu définitif où tout disparaît. Vous la flamme absolue.

Vous était le vent glacé qui décompose les os, la pluie d'orage qui menace, les tempêtes qui coulent les bateaux, les nuages noirs de la guerre.

Vous fascination, incompréhension, ignorance. Vous Dieu ?

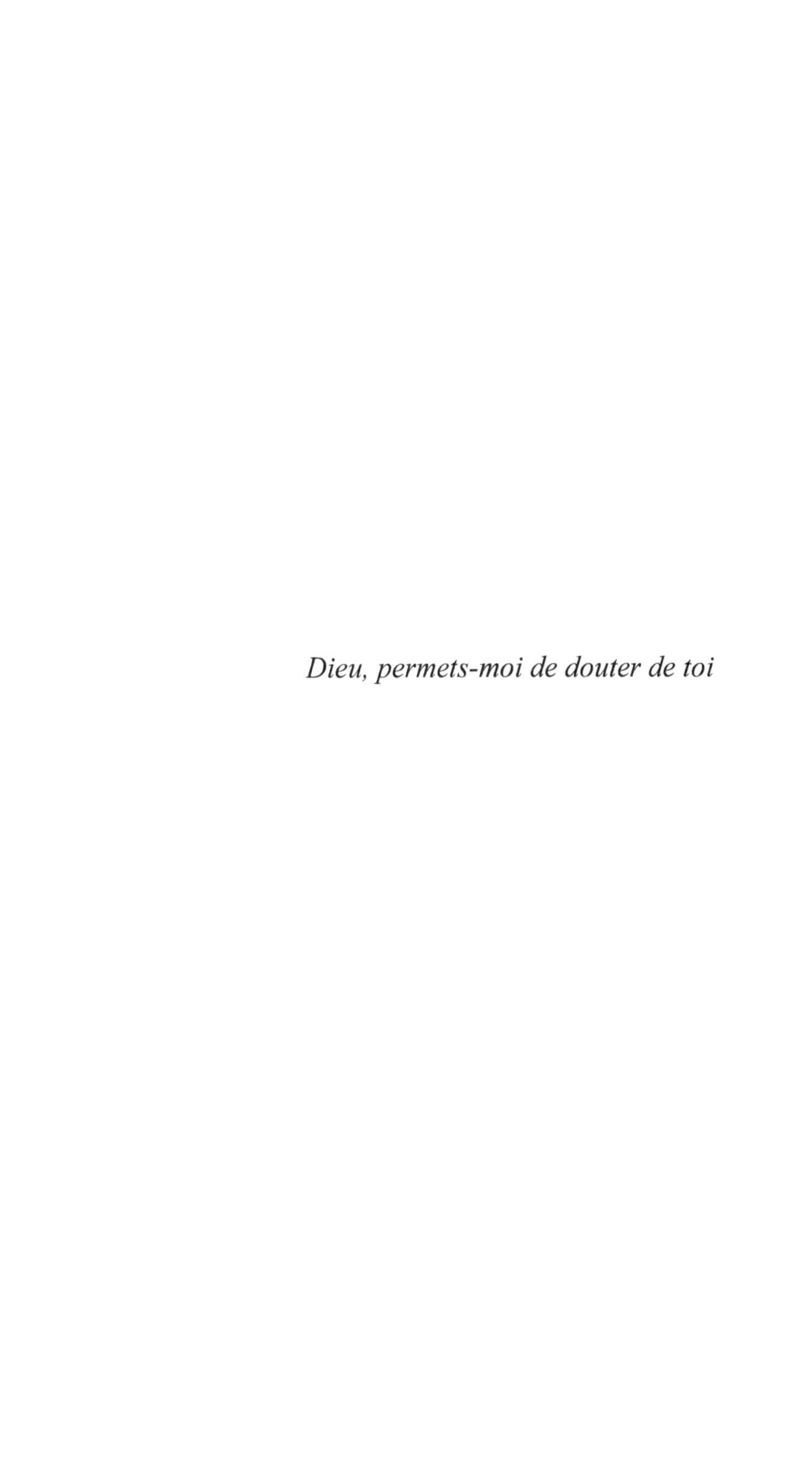

Dieu, permets-moi de douter de toi

III
Doutes

Je commença à douter de tout, très tôt. Car il s'aperçut vite qu'on ne lui disait pas la vérité.

Je ressentait qu'on lui cachait l'essentiel. Je voulut savoir.

Je ne comprenait pas pourquoi les choses étaient cachées, obscures et ce qui les obstruait.

Je doutait de lui et n'avait aucune confiance en lui. Je pensait qu'il n'était pas fait pour ce monde.

Je doutait aussi de la mort, comme de la vie. Je, au fond, n'avait aucune certitude.

Sa vie fut à l'époque de ce premier mariage exempte de doutes, du moins au début.

Je s'élança avec ardeur, touché par la grâce de la liberté, de l'éloignement du père muet et froid, de la réglementation de l'ordonnancement, des meubles en formica ; je fuyait le béton propre des HLM et voulut aller chercher racine dans les lieux chargés d'histoire.

Je avait besoin de racines. Je n'en avait pas assez eu.

Je voulait connaître ses origines. L'origine. Et il lui semblait qu'en habitant et en visitant des lieux déjà habités, Je trouverait des réponses.

Je commença à douter quand il vit qu'il n'avait guère de réponses à ce qui demeurait caché en dépit de ces pérégrinations.

On lui avait caché le visage de sa mère morte, au motif d'un mauvais souvenir à venir.

Avant sa mort, la mère de Je l'avait mis chez les scouts. Là aussi, on lui avait bandé les yeux. Je avait ressenti un jeu humiliant symbole de sa vie qui commençait.

Agir, mais avancer à tâtons, dans l'obscur des expériences nécessaires.

Je expérimentait que se cogner était incontournable, que le monde était dangereux, mais à toucher, et peut-être à domestiquer et à vaincre. Je voulut devenir puissant et fort.

Pour ne pas être dominé par l'obscur, et ne pas se cogner à l'inconnu, pour maîtriser et parcourir, pour vivre une vie pleine et dense.

Je comprit qu'il fallait comprendre pour saisir et qu'il fallait à tout prix faire reculer l'obscur.

Je mit toute son énergie dans la volonté de comprendre. La mort de la mère de Je fut son premier vrai sujet de tentative de compréhension.

Je trouvait la vie absurde souvent et se complaisait alors dans les lectures de Sartre et Camus, écoutant sur un vieux Pathé Marconi des trente-trois tours du révolté Léo Ferré qui chantait mai 68, l'amour et la mort. Sa volonté de comprendre se dissolvait dans l'imaginaire poétique et balançait le plus souvent dans le monde refuge de toujours ailleurs et toujours au-delà.

À l'époque, les copains de Je refusaient comme lui le monde et étaient maoïstes. Je ne savait pas trop ce que c'était, mais comme il s'agissait de montrer qu'il refusait aussi, je alla distribuer avec ses copains des feuilles de choux maoïstes à la sortie des lycées. Et puis en ce temps-là, on disait qu'il était interdit d'interdire.

C'était l'époque où Je se jeta à corps perdu dans la philo. Cette volonté de comprendre devait devoir y trouver des réponses.

La matière se prêtait bien à un isolement initial fait de recherche saturnienne, d'étude solitaire, de lectures acharnées. Mais Je fus vite rebuté par des discours verbeux qu'il ne comprenait pas, où il lui semblait que certains auteurs jouaient à décortiquer les mots et jouer avec leur sonorité ou leur balancement sémantiques.

Pourtant, derrière les mots, Je s'aperçut qu'il existait un monde vivant, mais difficile à toucher : le monde des idées. Le monde des idées fixes et le monde des idées changeantes ; autre exemple de jeu sémantique que Je n'aimait pas.

Je pensait que les idées étaient pures et permettaient de comprendre le monde ; qu'elles étaient des clés permettant d'ouvrir les serrures de tout ce que Je ne pouvait attraper ou posséder : tout ce qui faisait rêver Je. La certitude que derrière les portes à ouvrir se trouvait une vie heureuse, différente, douce, qu'il était possible de l'obtenir. Qu'il fallait seulement agir, le vouloir !

Qu'est-ce que ce monde où je me sens comme en exil ?

Basilide le gnostique

Je : Vous ressemble à l'inaccessible étoile.

Vous : C'est Je qui le dit.

Vous était permanent et fixe, où Je pouvait s'y casser les dents. Vous devait pouvoir être domestiqué et maté, mis à sa botte. Vous était l'Himalaya que Je devait atteindre.

Vous était incarné, palpable, source de désirs, muscles, peau, organes. Vous devait être touché, obtenu. Vous était un objet saisissable, extérieur. Vous était étrange et beau.

Vous était le but ultime.

Vous était parfois la mort qu'il fallait à tout prix éviter, occulter, cacher, méconnaître, surmonter, comprendre, dépasser.

Vous était la souffrance, la peur de perdre, la fuite. Vous était la maladie, l'incompréhension, le décalage et les dysfonctionnements. Tout ce qui ne marchait pas.

Vous était la colère et l'impuissance d'y faire face. Vous était les coups qui pleuvent, les douleurs et les lames.

Vous était les larmes de regret et les amours perdues.

Vous était la lignée des ancêtres et des descendants. Vous était tous les vivants depuis qu'il y avait des vivants et tous les morts plus nombreux, comme une vague grossissant sans fin, la multitude des disparus.

Vous était la peur de mourir, la peur d'être malade, la peur de manquer.

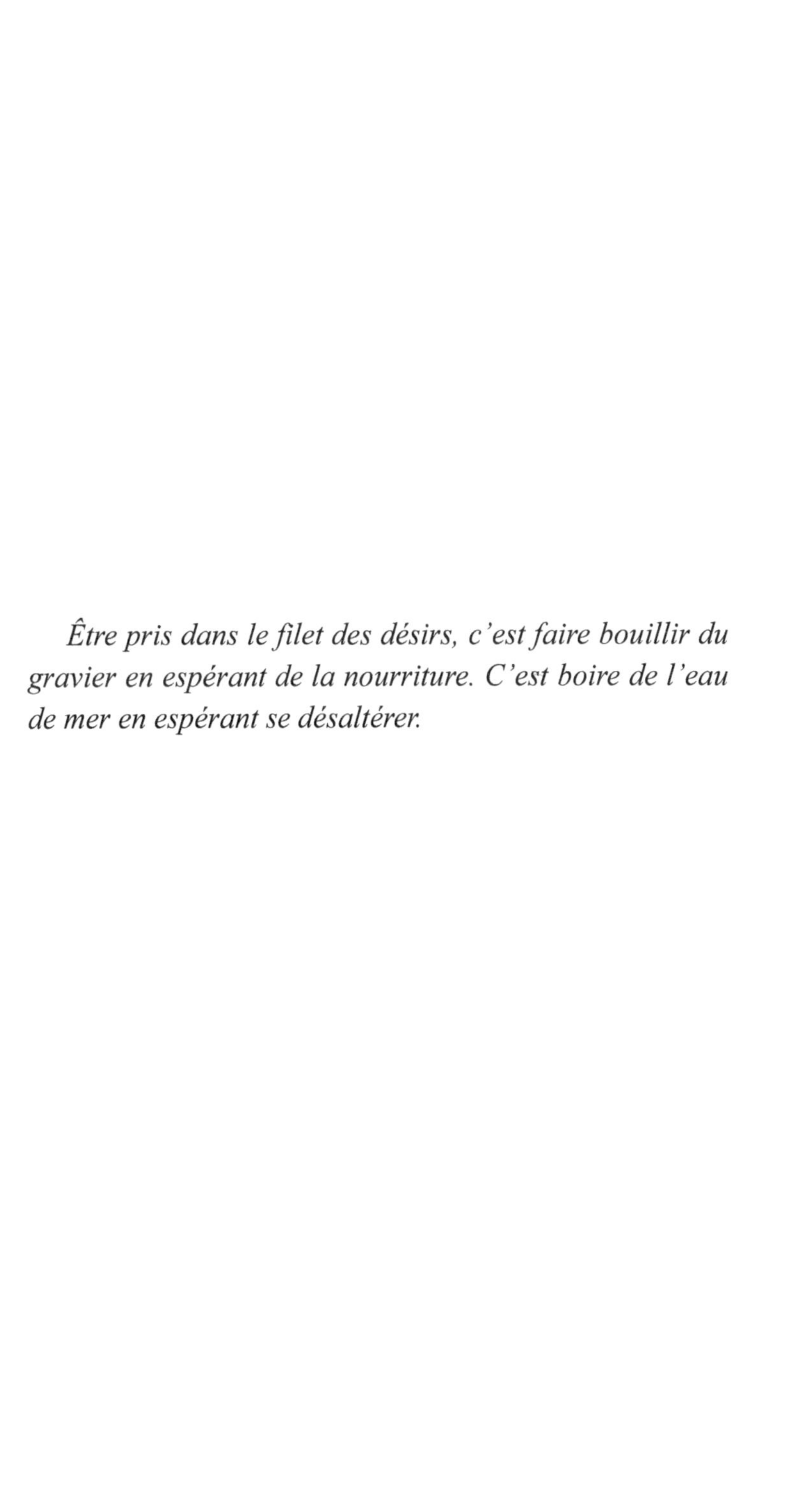

Être pris dans le filet des désirs, c'est faire bouillir du gravier en espérant de la nourriture. C'est boire de l'eau de mer en espérant se désaltérer.

Vous était : courir après, encore, jamais content, jamais satisfait, jamais rassasié, vouloir autre chose, désirer l'ailleurs, le lointain, l'inaccessible, le différent, vouloir saisir l'autre, s'en saisir, le posséder, espérer des jours meilleurs, vivement la retraite, les week-ends, les vacances, tout plutôt que çà, la paye, la fin de la pension pour les gosses, la fin de la dépression, vouloir en finir, désirer mourir, vouloir les baiser toutes, et même plus, avoir l'ambition de la réussite, être encore meilleur, compétitif, concurrentiel, séducteur, bien dans sa peau, beau, belle, mince, gourmand et svelte, musclé, gentil, parfait, gagner, aller plus loin, se surpasser, vaincre, convaincre, dépasser les autres, être irremplaçable, donner des leçons, être un champion éternel, rêver de l'être, vouloir le devenir, vouloir tout dévorer, tout acheter, tout absorber, capturer, ligoter, s'attacher, demander, exiger, mendier, solliciter, envahir, investir.

Ne jamais s'en satisfaire, ne jamais y parvenir, en accuser la terre entière et faire de sa vie un champ de bataille.

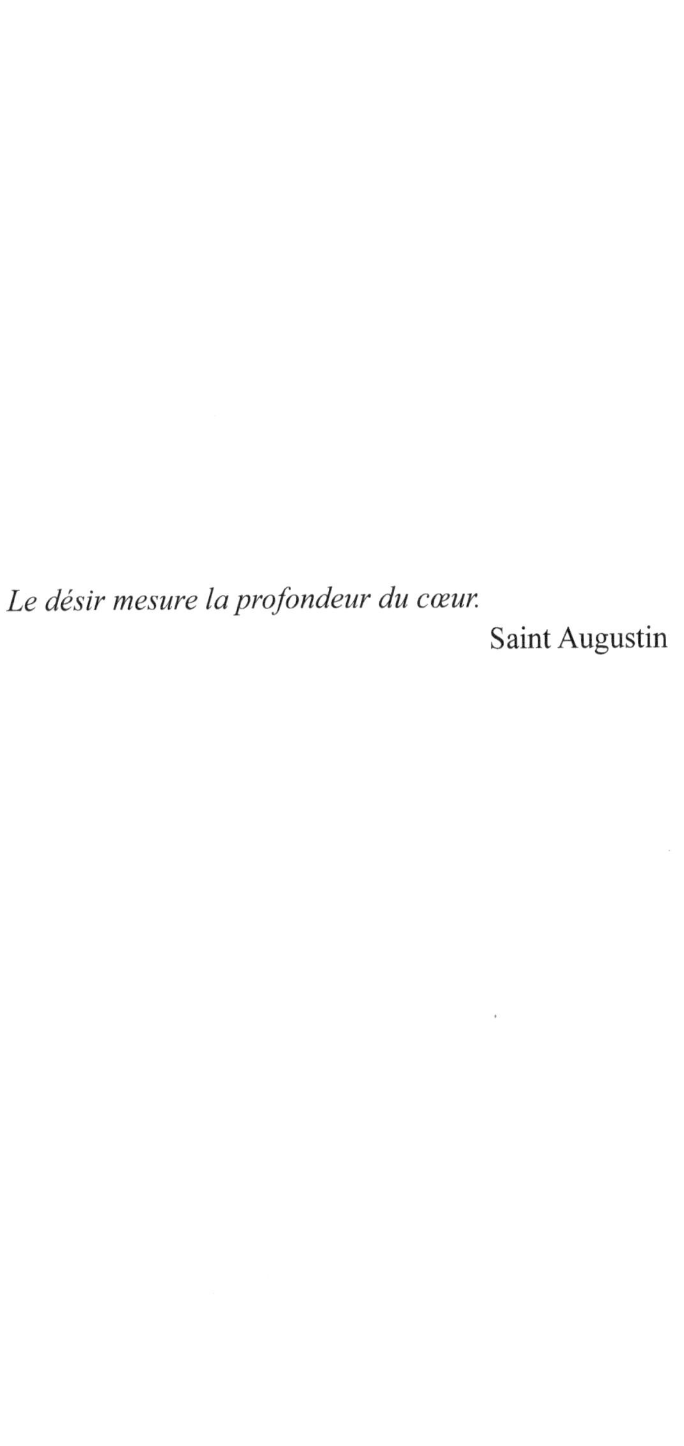

Le désir mesure la profondeur du cœur.

Saint Augustin

Je : Vous me faites envie.

Vous : Soyez prudent. Les enfers ne sont pas loin.

Tuer

Je avait quinze ans. C'étaient ses premiers rendez-vous avec la mort. La mort subie qu'il n'avait pas vue. Cette mère partie sans corps ni sépulture un jour de presque printemps après s'être fait un café sur la cuisinière à gaz.

L'oncle de Je avait un élevage de lapins à la campagne. Il invita la famille de Je, en perdition de la mère disparue à passer Pâques en Charente. Pour cette fête rurale « de tuer le cochon ».

Ce qui devait être festif fut la première expérience de Je d'un corps vivant devenant une chair à manger.

Déjà enfant, Je recrachait son beefsteak dans le vide-ordures et détestait le cadavre de poulet cuit, car mordre dans le dos de l'animal lui était comme mordre dans l'animal vivant.

Premiers instants de dégoût buccal.

Un paysan avait attaché le cochon sur une petite échelle, les pieds en haut et la tête en bas. L'animal hurlait d'un cri humain strident, sentant bien que cette atteinte à sa liberté était un mauvais présage. Ses appels aigus à on ne sait qui, les vaines protestations convulsives de son corps bedonnant déchiraient l'atmosphère.

Je regardait, impuissant, cette sauvagerie. La vision du cochon ligoté lui était insupportable. Pourquoi cette souffrance ?

Je était comme percuté par cette horreur qu'il recevait comme s'il était lui-même sur cette échelle de supplice.

Le paysan arriva avec une lame pointue et une large écuelle. Le sang chaud gicla dans l'écuelle pendant que le cochon continuait de hurler, de se débattre et de geindre. Il finit par se taire et ne plus bouger. Une eau rouge s'évacuait d'une fontaine poilue de bonbon rose. L'homme d'une main experte trancha la peau de l'animal de haut en bas et les viscères s'échappèrent d'un seul coup à l'extérieur, pendouillant sur la tête du cochon. Je alla vomir son petit déjeuner, preuve supplémentaire de l'inutile et du temps perdu.

Le cochon était certes passé d'un état de débile mental, mais vivant, à une usine à boudins, cotes, pieds, saucissons, jambon, fromage de tête.

Le dépeçage avait commencé et chacun s'affairait. Il fallait pendant des heures astiquer la cuisse du cochon avec son pied et du gros sel. Les intestins étaient prestement vidés de leur contenu préexcrémentiel pour devenir peau de saucisson. Une énorme marmite touillait du gras marron et écœurant, issu du sang frais de l'écuelle. Tout sentait la mort. Mais tout le monde semblait joyeux de cette mort, de cette ex-vie qui se transformait en nourriture.

Je se faufilait, mal à l'aise dans la bonne conscience générale, la bonne humeur ambiante, la perspective de réserves de protéines animales pour les mois à venir, qui rassurait. Ah ! Les beaux jambons !

Je ne pouvais s'empêcher de repenser à ce cochon mis à mort et à ses tripes exposées au-dehors dans l'obscénité, monstrueuse atteinte à la vie. Je eut longtemps des cauchemars de cette boucherie. Je conservait de la haine pour ces inconscients barbares à la belle bonne inconscience.

Décidément, Je n'était pas de ce monde où il était banal, admis, normal, presque routinier d'ôter la vie, fusse celle d'un cochon sans gros QI, mais pourtant lui aussi conscient que tout ceci se passait contre sa volonté. Je restait choqué par l'apparition de l'intérieur physiologique, la vision des poumons qui permettaient la respiration, merveille d'échange aérien, et ces tubes de chair fine, nerveuse et sensible qui devenait de la soupe grasse et les viscères de l'enveloppement douillet à saucisses.

Je n'arrivait pas à admettre qu'il était fait des mêmes matériaux que le cochon. Il lui semblait que son âme, son système nerveux était d'une nature différente que les tissus de l'animal.

Je se doutait qu'il pourrait déchanter.

À quelques années de là, Je avait été convié dans le cadre de ses études d'avocat à une visite à l'institut médico-légal où les étudiants en droit section criminologie devaient assister à une autopsie.

L'air n'était pas aussi festif. Le carrelage blanc de l'amphithéâtre médical et la table en inox au milieu de la scène rendaient l'ambiance glaciale et scientifique.

Seul le professeur en nœud papillon apportait une touche surréaliste de distance distinguée. Sans doute le nœud papillon était-il comme un bouclier contre le dégoût, l'horreur et le scandale de la mort.

Je suivit avec une fascination épouvantée le fil de ses noires opérations. Un corps d'homme nu était étendu sur le dos, couché sur le grand lavabo plat en métal. Mort suspecte. Nécessité d'autopsie. La vue de ce corps d'homme sans vie était déjà en soi obscène. Elle remit brutalement Je en état d'être précipité sur cette évidence refusée que ce corps était semblable au sien, le même que le sien, qu'il était aussi ce corps, que son corps serait aussi un jour, immanquablement, comme l'autre, sans vie ; or Je avait rêvé, imaginé, et parfois avait été certain que son corps ou sa vie ne cesserait pas. Je ne se voyait pas mourir. Cette autopsie lui rappela sèchement que son corps aussi était mortel, c'est-à-dire un possible RIEN, une bassine d'eau grasse à verser dans la cuvette des toilettes ou un petit sac de poussière cendreuse à répandre dans une pelouse improbable, un jardin ouvrier ou un cimetière anonyme.

Le découpage scientifique et soupesé du corps de l'anonyme nu fut difficile à supporter par Je. Le corps de l'autre fut d'abord l'objet de crevées, longues et profondes entailles avec un grand scalpel sans manche en bois dans tous les muscles. Lividités cadavériques. Puis incision et ouverture du menton au pubis et enlèvement méthodique avec pesage méticuleux de chaque organe. L'étal du volailler. Une sorte de boucherie-charcuterie fine. Le corps était encore reconnaissable avec ses peaux distendues et ses membres. Il restait horriblement humain.

Enfin, incision de la peau d'oreille à oreille et glissement de la calotte capillaire, moitié sur l'avant cachant les yeux, moitié sur l'arrière rabattue sur la nuque.

Et là, vision de cauchemar, le Professeur au nœud papillon, nanti d'une scie de menuisier, se met à découper le haut du crâne pour récupérer à l'envers une coupe de cerveau. Le rouge du sang était omniprésent, malgré les coups d'éponge de l'assistant sur le lavabo plat en inox. Et ce reste de corps nu que refusait Je, qui regardait pourtant – pétrifié –, comme pour affronter ce qu'il fallait de vérité. Car c'était aussi cela la vérité, crue, pitoyable et terrible. Toute à la fois vision d'épouvante et sordide présence tranquille, inoffensive.

Je sortit, alors que d'autres retenaient leurs hauts le cœur, dans le bouleversement, mais la conscience nouvelle d'une lucidité inhabituelle et dérangeante, oscillant entre la volonté d'oubli et l'échappée ailleurs, et la brutale ramenée à une chair réelle incontournable ; oscillant entre dieu imaginé et diable constaté.

Je, en tous cas, se voyait confirmé dans sa révulsion de la mort et de ses manifestations. Il comprenait donc qu'on puisse la cacher, pour éviter cette souffrance supplémentaire. Il était donc préférable de seulement en parler. Les concepts n'étaient pas la réalité. Je pensait que le monde des idées ne pourrait jamais lui faire de mal.

Voler

Je avait été élevé dans le respect du bien d'autrui. Ses maîtres lui avaient dit que le vol était une infraction et un péché.

Bien sûr, à l'adolescence, à la campagne, Je avait chapardé des griottes pas mûres, avec d'autres chenapans de son âge. Nul ne savait trop si ces arbres avaient un propriétaire. Et pourquoi les fruits de la nature ne seraient-ils pas à tous ?

Je ne savait pas, n'ayant rien, ce qui était à lui. Son corps, ses lunettes, ses chaussures, son cartable, ses livres, les pièces de son argent de poche. Je n'avait pas l'impression de manquer. Je ne désirait pas autre chose que prouver qu'il pouvait réussir sa vie, à ses yeux et aux yeux d'autrui – qui, à l'époque, étaient surtout les yeux de son père.

Je possédait pourtant sa mémoire, son savoir, son expérience. Et Je savait que personne ne pouvait les lui prendre.

Je se posait une question lancinante : qu'est-ce qui pouvait être l'objet d'une appropriation, d'une possession ? Qu'est-ce que cela voulait dire ? Possédait-on l'air qu'on respire ? L'eau qu'on boit ?

Je était-il propriétaire de sa vie ou locataire éphémère de ses cellules ? À qui appartenaient-elles ces cellules, avant qu'elles ne composent Je, et où retournaient-elles après avoir composé Je ?

Pouvait-on lui voler sa vie ?

Je acquit de bonne heure la conviction que personne ne pourrait le déposséder de cela. Il en était fier et cela le rassurait dans ses doutes.

Je n'avait nulle envie de devenir un voleur ; mais il ne savait dire pourquoi. Sans doute n'y avait-il rien à voler, mais Je ne le savait pas encore.

Je fut confronté à quelques conséquences de vols, qui en montraient les limites en même temps que la nécessaire interdiction.

Je eut comme tout avocat stagiaire des commises pénales qui lui apprirent le monde étrange et glauque des prisons. Une succession de grilles avec un gardien à chacune, un trousseau de clés et une serrure lourde. Des œillets, des trous pour voir partout, l'obsession de la séparation, de la distance et du voyeurisme, du clivage entre le dangereux et le rassurant. L'enfermement.

Une première porte immense à deux battants. Sonnette pour appeler. Une petite grille qui s'entr'ouvre dans le bois de la porte épaisse au bout de minutes de patience longue. Je avocat. La porte lourde s'ouvre. Banalités d'usage. Une deuxième porte après la traversée d'une cour. Même manège. Ouverture. Je avocat. Échange de carte d'identité contre badge en bois numéroté désuet et naïf. Serrure.

Porte. Surveillant. Porte. Surveillant. Serrure. Escalier. Porte. Serrure. Surveillant. Arrivée au parloir. Bureau d'un surveillant occupé. Je viens voir X. Permis de visite. Remplissez la fiche. Appel de X au parloir. Attente. Je lève les yeux et voit à plusieurs mètres de haut un balcon suspendu au mur qui est manifestement l'autel d'une messe. Je comprend que même l'officiant doit être séparé de ses ouailles. Il y a dû y avoir des agressions ou des prises d'otage de curé. Tristesse et clin d'œil sur l'astuce humaine. Faut-il sourire ou pleurer ?

L'homme que Je a en face de lui est jeune. Voilà, je suis chargé de vous défendre. Qui êtes-vous ? Qu'avez-vous fait ?

L'homme a un regard de lynx en même temps que des yeux vitreux sans âme. Il fait peur. Je devine l'absence de scrupules et d'hésitation, l'élan possible du prédateur. L'homme essaie de faire bonne figure face à l'avocat stagiaire cravaté. Il essaie de s'attirer comme une sympathie, une compréhension. Il minimise les faits et s'échappe lorsque les questions deviennent plus précises. La confiance ne s'installe pas. Je s'énerve. »Si vous voulez que je puisse vous défendre, il faut tout me dire », essaie-t-il de dire sur un ton qui se veut professionnel et docte. Je ne s'en aperçoit pas, mais il est hautain. Je ne comprend pas cet homme qui n'est pas de son monde.

L'homme a volé le portefeuille d'un passant sous un tunnel sombre et la menace d'un cran d'arrêt, en assénant des coups à sa victime. L'homme conteste les coups et le cran d'arrêt contre l'évidence du dossier. Maigre butin à peine 300 francs. La victime aussi pauvre que l'agresseur.

L'homme bien que jeune a déjà connu la prison et les tribunaux, c'est un vieux routier du système. Je voit bien qu'il refuse la règle sociale, que cet homme hait l'ordonnancement du monde légalisé. Il demande à Je s'il peut déposer une demande de liberté provisoire. Ces mots semblent incongrus à Je. Je ne mesure pas l'univers carcéral, ses codes, ses hiérarchies, ses horreurs. Lui qui vit dans la liberté ne réalise pas ses contours. Ce qui est un luxe insolent et injuste à l'homme est une évidence pour Je. L'homme trouve même qu'il ne mérite pas son sort et que ce qu'il a fait est véniel. Il en convaincrait presque Je qui promet de tout faire pour le sortir rapidement d'affaire. L'incompréhension est absolue. Poignée de main et regards fuyants. Restitution du badge de bois naïf contre la carte d'avocat stagiaire. Surveillants. Serrures. Portes. L'air de la rue n'est pas le même.

Quelques années plus tard, Je qui vivait alors dans le confort bourgeois eut une étrange mésaventure. En ces temps, Je voyageait beaucoup et aimait faire des diapos de ses voyages, pour les revivre et fixer les images du monde. Je partait en vacances. Bordée de valises dans une voiture trop petite. Énervements. Je pensa alors qu'il avait des diapos à aller chercher à la FNAC à qui Je avait confié leur développement. L'équivoque provint que certains éditeurs de diapos incluaient le coût du développement dans le prix d'achat de sorte que les diapos étaient retirées gratuitement du guichet, alors que d'autres étaient payables au retrait.

Je avait cette assurance qu'une situation assise pouvait conférer. Je remit ses tickets à l'employée qui lui délivra toute une série de boîtes dans des sachets. L'employée discutait avec une de ses collègues beurette sur la dernière stupidité télévisuelle et Je s'enquit brièvement s'il devait quelque chose. Je-impatient- n'attendit pas même la réponse de la distraite qui ne l'avait pas entendu et partit avec ses sachets de diapos. À la sortie du magasin, deux malabars se prenant pour des gardiens interpellent Je en voyant les sachets marqués FNAC. Qu'avez-vous là ? Des diapos et alors ? Tranquille et un brin hautain. Les avez-vous payées ? Elles sont gratuites. Monsieur suivez nous, vous êtes pris la main dans le sac. Explications dans un bureau. Avocat ? vous n'êtes pas le premier à voler. Vous allez vous arranger avec le Procureur. Je sentit poindre angoisse, sueur et stupeur. « Mais j'ai demandé si je devais quelque chose à la caissière, elle ne m'a pas répondu, j'ai cru que je ne devais rien et je suis parti ». Bon, on va voir si vous dites vrai. Convocation de l'employée. Non, ce monsieur ne m'a rien demandé. Il est parti sans rien dire. Peur de sa hiérarchie et de la sanction. « Elle n'a pas fait attention, elle discutait avec sa collègue, elle est témoin, allez la chercher ». Si la beurette confirme la version de la caissière, Je est dans de beaux draps : c'est un voleur. Arrivée de la beurette, habituée plus que Je à mentir pour défendre ses frères systématiquement présumés voleurs. Le voleur que Je paraissait être entrait-il dans cette catégorie ? Ou avait-elle réellement entendu la brève question agacée de Je à la caissière ? La beurette au grand cœur contredit sa collègue, confirma avoir entendu la question de Je et les vigiles libérèrent Je, après que celui-ci eût payé ce qu'il devait. Je ne sut jamais si la beurette avait réellement entendu s'il devait quelque chose. Il pensa longtemps qu'elle n'avait rien entendu.

Convoiter

Jeune avocat, Je fut un jour contacté par un couple de braves gens : lui chauffeur de bus urbains, elle mère au foyer, ayant élevé six enfants. Un couple simple d'ouvriers, proche de la retraite et venant de la campagne. Leur dernier fils âgé de vingt-huit ans venait d'être arrêté par les gendarmes. D'abord un peu gêné, le père raconte l'histoire. Leur fils chauffeur livreur attendait les fillettes à la sortie des écoles, leur proposait un bonbon, de les ramener chez elles, les faisait monter dans sa camionnette de livraisons, puis sans violence, demandait à la fillette s'il pouvait caresser son sexe d'enfant. Certaines fillettes avaient parlé. Le fils s'était fait prendre. Circonstance navrante : le fils avait lui-même trois jeunes enfants, dont un dernier, bébé de six mois. La mère du livreur, élevée à la campagne et au milieu des coïts de chiennes, des vêlages, des coqs sur les poules et des attouchements incestueux en famille, ne trouvait pas les faits bien graves après tout. Je remit les choses en place en précisant aux parents qui s'en doutaient que leur fils risquait la prison.

Je promit de s'occuper de l'affaire et prit rendez-vous avec le juge d'instruction auquel le chauffeur livreur devait être présenté, pour le lendemain matin. À cette époque, il fallait, une heure avant l'interrogatoire qui décidait du sort du prévenu, prendre rapidement connaissance des procès-verbaux de gendarmerie, voir l'intéressé, et préparer une défense pour tenter d'éviter une privation de liberté.

Je avait devant lui un homme simple, encore un brin adolescent, rongé de trouille et de honte. Pouvez-vous expliquer votre geste ? Non. Comme si j'étais sous emprise. Une excitation plus forte que moi. Vous rendez-vous compte que ces fillettes ont l'âge de vos enfants ? Oui. Mais c'est plus fort que moi. Que feriez-vous si votre enfant était la victime d'un homme comme vous ? Vos gestes se sont-ils limités à de simples attouchements ou êtes-vous allé plus loin ? Pouvez-vous imaginer que l'on y songe ? Que l'on vous soupçonne de plus grave ? L'homme accablé baissait la tête. Et se mit à sangloter comme un enfant. Je n'insista pas. Avant de rentrer chez le juge, Je avait rencontré la femme du livreur, qui était là, sous le choc de l'incompréhension et la terreur des heures à venir. Rien ne permettait de supposer, d'imaginer. Regardez Maître, j'ai apporté la photo des petits. On va le mettre en prison ? Mais je ne travaille pas. On vit sur sa paye. Comment va-t-on faire ? Une fois encore, Je sentit le poids de l'enjeu. Ne vous inquiétez pas, je vais tâcher de convaincre le juge. Le procureur avait requis l'emprisonnement, en jargon judiciaire, un mandat de dépôt. Présentation du chauffeur livreur menotté entre deux gendarmes dans le bureau du juge. Mains libres pour les questions du juge. Reconnaissez-vous les faits ? Oui. Pouvez-vous les expliquer ? Non. J'ai honte.

Le juge était un grand-père au regard doux et à l'écriture fine. Derrière ses lunettes, des yeux clairs, mais un peu désabusés et las, qui semblaient dire : mais pourquoi ce fichu métier où je suis confronté tous les jours à la lie humaine, au mensonge, à la saloperie, et à cette dernière petite perversité ?

Le procureur m'a demandé de vous mettre en prison. Maître, qu'avez-vous à dire pour votre client ?

Je fit son travail. Pas d'antécédents, des faits reconnus et limités, une famille à nourrir, une pulsion à soigner, l'inutilité de l'incarcération. La photo des enfants. C'est elle qui fit basculer le juge. Liberté provisoire avec obligation de soins psychologiques.

La famille remercia Je.

Je n'avait compris l'attirance de ce jeune père de famille pour des fillettes. Même s'il en faisait l'effort, Je n'admettait pas cette incongruité qu'il trouvait anormale. Toutefois, Je comprenait l'envahissement du champ de conscience de la pulsion du livreur. La fébrilité du guet, le cœur battant de la scène, l'émotion du toucher, décuplé par l'interdit outrepassé.

Je connaissait les prémisses de ces sentiments renversants ; lorsqu'à quatorze ans, après les scouts marins, il passait devant des boîtes de strip-tease où s'affichaient des photos de femmes nues en noir et blanc. Je faisait plusieurs fois le tour du pâté de maisons pour ne pas être vu à regarder, subjugué, ces photos qui le mettait en émoi jusque dans le bus nocturne du retour. Je ne pensait plus à rien d'autre, sous hypnose d'images de femmes aux seins nus, seulement interrompues par la soupe de vermicelles du soir.

Mentir

Un hôpital militaire de la ville avait brûlé, faisant deux morts. Un appelé du contingent qui faisait son service militaire dans l'hôpital s'accusa en garde à vue d'avoir mis le feu à l'hôpital.

Je fut saisi par le père de l'appelé de sa défense. Circonstance étrange : le père, retraité, avait été commissaire de police et avait fini sa carrière comme directeur d'hôpital.

Ce père était veuf, doux et dominateur, bienveillant et organisé, de la race des chefs. Il ne supportait pas l'idée de la culpabilité de son fils, qui rejaillissait sur lui, comme la castration d'un chien sur son maître. Le père avait du dédain compassionné pour ce fils incapable, et culpabilisait de l'élever seul. Il aurait pu le pistonner pour lui faire éviter l'armée, et s'en vantait, mais il considérait que pour le bien de ce pauvre fils qui ne lui arrivait pas à la cheville, faire l'armée pouvait lui faire du bien, le dessaler. Le père avait fait néanmoins jouer ses relations pour que ce fils ne soit pas trop loin de chez lui et qu'il puisse, à tout hasard, le surveiller du coin de l'œil au cas où il ferait encore une connerie.

Le père s'était targué auprès de Je de préparer à ce fils décidément nul son petit déjeuner tous les matins avant de partir à l'hôpital militaire, et de lui faire chauffer sa 2 CV dans laquelle le fils n'avait plus qu'à monter, tout juste s'il ne lui refermait pas la portière. Avec la même assurance amusée et dictatoriale, le père s'était flatté auprès de Je d'avoir accompagné son fils puceau auprès d'une aimable gourgandine tarifée pour lui faire connaître l'initiation nécessaire à sa virilité. Bien sûr, le père assurait n'avoir pas assisté aux ébats, bien qu'ayant assuré l'intendance et la juste rémunération de la donzelle. Je supposait qu'il avait dès la sortie de la chambre d'hôtel demandé au fils ses impressions, à la façon de ces commentateurs d'immédiat à la sortie du cinéma.

Prison. Parloir. Je a en face de lui un garçon hébété et incohérent, une proie facile pour un gendarme rompu, même débutant. Un modèle réduit du père sans l'intelligence et la faconde. Je essaie de la ramener dans la logique chronologique nécessaire. Peine perdue. Le fils se perd dans un récit incompréhensible qu'il ponctue seulement par de mécaniques « je suis innocent, je n'ai pas mis le feu ».

Alors, pourquoi avoir avoué l'avoir fait ? demanda Je. Je ne sais pas, les gendarmes étaient sur moi, ils m'ont obligé.

Le travail ne s'annonçait pas facile pour Je. Instruction. Reconstitution. Expertise. Contre-expertise. Aucun hydrocarbure retrouvé sur les lieux calcinés. Une histoire invraisemblable de 10 cl d'essence dans un flacon de bétadine. Un échafaudage d'hypothèses sur la propagation des flammes. Le possible court-circuit d'une installation électrique déjà ancienne. Une enquête confiée à la gendarmerie, sœur congénitale de la même grande muette. La colère du juge d'instruction à l'égard de l'armée qui avait donné l'ordre de tout nettoyer dès le lendemain de l'incendie.

Je ne put rien faire contre les aveux du fils. L'avocat général parla de dédoublement de la personnalité du fils, nécessairement coupable, puisqu'ayant avoué son forfait. La Cour le condamna à quatre années d'emprisonnement dont une avec sursis, ainsi qu'aux réparations civiles de reconstruction de l'hôpital brûlé. Une vie brisée.

Je s'interrogeait. Pourquoi alors qu'on est innocent, s'accuser mensongèrement d'un crime qu'on n'a pas commis ? Comment être à ce point dépassé par les événements ? Quelle espèce de force fascinante s'était emparée du fils ? Ou alors le fils, pas si demeuré que cela avait-il finalement refusé le rôle d'abruti que son père lui avait assigné et liberté suprême, lui avait renvoyé en miroir, par de faux aveux, toutes ses propres limites, en jetant aux orties son honneur, sa réputation, sa fortune.

S'intoxiquer

Vingt ans. Orphelin et apprenti coiffeur.

Je lui rend visite à l'hôpital des Grands Handicapés. Je a traversé avant d'arriver à la chambre de l'apprenti coiffeur de longs couloirs ; parfois des portes ouvertes et à terre des corps disloqués d'accidents de motos.

Fauteuil roulant devant un ordinateur. L'homme tétraplégique tape sur le clavier avec des baguettes coincées dans d'étranges mitaines de cuir. Seuls les muscles des épaules répondent.

Je est chargé d'obtenir la réparation du préjudice de cet homme pour le restant de sa vie sans bras, sans jambes, sans sexe, et nanti d'un anus artificiel. Le mot même de préjudice paraît indécent à Je.

Mésaventure : l'homme était passager d'une R5 GT Turbo conduite par son meilleur ami qui venait de l'acheter à crédit avec un permis de conduire vieux de huit jours. Après une nuit d'alcool et de cannabis pour fêter l'événement, la voiture a manqué un virage. Trois heures pour désincarcérer l'apprenti coiffeur. Le conducteur n'a rien.

Bonjour maître. Même si on me mettait un tas d'or, j'aimerais mieux retrouver mes bras et mes jambes. Vous vous rendez compte, pour baiser, il faut que je me fasse une piqûre pour pouvoir bander. Encore heureux que ma copine accepte, car moi à sa place, j'aurais laissé tomber cette loque. Peut-être qu'elle fait çà par pitié.

L'homme est étrangement lucide.

Il raconte à Je une enfance chaotique de familles d'accueil et de foyers. L'univers des éducateurs et du juge des enfants. La blessure toujours ouverte d'avoir été abandonné par l'amour, des parents absents ou morts – je m'en fous-la came pour oublier, mettre de la distance avec la blessure. Alors, maître, vous comprenez, la soirée en boîte où on s'est bourré la gueule, c'était notre sortie habituelle du samedi soir. Avec cet apprentissage, je pensais m'être sorti de la merde. Il aurait quand même pu ralentir dans le virage ce con.

Je éprouve comme une gêne d'être sur ses deux jambes et de pouvoir se gratter le nez.

Pour oublier la perdition, une perdition supplémentaire. L'alcool qui boit le buveur. La drogue qui sniffe le camé.

Maître, vous savez quoi. Si on pouvait me donner un flingue et si je pouvais presser sur la détente, je le ferais.

Je dévie la conversation sur le motif de sa visite qui va meubler un instant le vide béant de la dureté de la situation.

Je parle indemnisation comme on parlerait russe, préjudice, chiffres, aide à domicile, logement adapté, tribunal, compagnie d'assurances, poursuite en correctionnelle de l'auteur.

Je sort de l'hôpital des Grands Handicapés comme un automate lent. Je fait attention à la circulation et aux limitations de vitesse.

Comment l'euphorie pour oublier un moment des désastres précédents avait-elle provoqué de nouveaux désastres ?

Je doit défendre un syndicaliste.

Affaire peu banale. L'homme a oublié son bébé de six mois un après-midi de juillet sur le parking de son entreprise.

L'homme passe en correctionnelle pour homicide involontaire. Depuis, sa femme l'a quitté.

Racontez moi Monsieur, dit Je pudiquement.

Vous savez, maître, la boîte allait mal, il y avait des wagons de licenciements. Toute la production partait en Roumanie. Nous, on se battait pour maintenir nos emplois.

Mais j'y croyais. On avait fait construire avec ma femme. C'était dur avec les traites de la maison, mais on s'en sortait. Et puis la petite est arrivée.

On était heureux.

Comme tous les jours, je devais emmener la petite chez sa nourrice qui est sur mon trajet. Et là, qu'est-ce qui m'a pris, je ne sais pas.

Je ne pensais qu'au licenciement de Jacques que la direction harcelait. Jacques c'est l'autre délégué. Bientôt mon tour. Je pensais qu'à ça.

Je crois que j'étais comme une machine. La petite dormait sur son siège et j'étais tellement tracassé par les problèmes de la boîte que j'ai oublié le reste.

C'est quand la nounou inquiète a appelé ma femme, qu'elle m'a appelé à l'usine. Mais c'était trop tard. Vous comprenez, maître, avec ces étés où il fait si chaud.

Silence de plomb dans le bureau de Je.

Maître, qu'est-ce que je risque ?

Je répondit quelques banalités : bon ce sera de la prison avec sursis, vous n'êtes pas un délinquant, on ne comprend pas même que vous soyez poursuivi, votre vraie peine, c'est de la porter toute votre vie, votre ex-femme est partie civile, vous aurez des dommages-intérêts à lui payer.

Au fond de lui Je se questionnait encore : Comment un père peut-il oublier ce qu'il est supposé avoir de plus cher : son propre enfant ? Et en l'oubliant, lui donner la mort. Qu'est-ce qui a pu à ce point d'inconscience le distraire dans ses priorités ? Pourquoi celles-ci ont-elles été occultées par le poison de la machinerie économique tyrannique ? Quelle est donc cette invasion barbare qui annexe et occupe le cerveau de l'homme et tue ses enfants ?

Dénigrer

Une belle femme rousse aux yeux verts de braise est assise devant Je.

C'est pour un divorce, commence-t-elle.

C'est dans mes cordes, dit Je poliment, en dévisageant longuement cette rousse magnétique.

C'est-à-dire que je viens divorcer, car mon mari a tué mon amant, fait la femme aux yeux verts à Je bouche bée.

Paradoxale cause de divorce, pense Je, se rappelant à propos la loi inusitée : toute condamnation à une peine afflictive et infamante est de plein droit une cause de divorce sans que le juge ne puisse rien apprécier.

Cela ne va pas poser beaucoup de difficultés Madame. Mais pouvez-vous me raconter votre histoire ?

L'épouse aux yeux verts tenait avec son mari une brasserie en centre-ville. Le couple était travailleur et le commerce prospère.

Ombre au tableau. Le mari pas paresseux se trouvait, pied de nez de la nature ou conséquence de son acharnement au labeur, incapable d'honorer sa rousse. Laquelle n'avait pas renoncé aux impérieux appels de la chair. Elle prit donc un amant, client fidèle de la brasserie, parmi la meute des courtisans de comptoir. Supplétif nécessaire pour un bonheur complet.

Le couple travailleur habitait l'appartement au-dessus de l'établissement où le couple volage avait pris l'habitude de s'ébattre avec une régularité de métronome les après-midi.

Le mari trompé, mais pas sot, et toujours amoureux de sa rousse, se douta vite du manège.

Il se décida un jour à monter, impromptu dans l'appartement pour connaître la vérité, encouragé par le cognac rituellique de l'après-repas et les regards sous-entendus de la clientèle ricanant de l'infortune du patron. Et de surprendre sa rousse infidèle dans le lit conjugal en compagnie du client fidèle, in turpitudine, mais en pleine montée d'orgasme.

La vision de ce que l'autre rendait sa rousse épanouie lui renvoya sa mâle incapacité en pleine figure, et fit voler en éclats le blason de virilité du patron. Il s'empara de son fusil de chasse, pour montrer qui était le chef et avoir une explication d'homme à homme. Bataille de phallus. Un vrai et un symbolique.

« Tire si tu es un homme » plastronna l'amant qui reçut une volée de chevrotines en pleine poitrine.

La Cour admit les circonstances atténuantes et condamna le tenancier impuissant à sept ans de réclusion criminelle. Il assista à son divorce, menottes aux poignets.

Sa rousse tint son commerce pendant sa détention, paya les honoraires du ténor aux Assises, en même temps qu'elle déposait à la Toussaint un bouquet de chrysanthèmes sur la tombe de celui qui l'avait si bien fait jouir.

Le samouraï et le moine

Je : Je n'en peux plus. Voilà des années et des années, je ne compte plus, comme si la même énergie de mort se manifestait dans d'incessantes apparitions, que je suis un grand combattant, un mercenaire gladiateur qui se vend au plus offrant. J'ai connu de grandes gloires sur mille champs de bataille, j'ai guerroyé sans répit, en tuant des adversaires. Je ne crains ni la mort ni la peur. Mais je suis fatigué, j'ai vu tant de combats, de sang couler. Je reconnais que j'ai tué beaucoup de gens. Ils reviennent me hanter. J'en ai assez de ces enfers. Bien que je doute que dans ce monde de cruauté il puisse exister une fin à ces cauchemars, j'ai entendu dire que vous étiez un moine zen, un grand sage, que vous enseigniez la fin des souffrances, des horreurs, que vous aviez où se trouvait le chemin de la paix. Moi qui ai connu l'enfer des enfers, s'il vous plaît, et même si ce n'est qu'une illusion passagère ou un espoir vain, montrez-moi où se trouve la voie du paradis, ou au moins celle de la paix, la fin de mon cauchemar.

Vous : Toi, un noble samouraï ? Tu as vu dans quelle tenue tu oses te présenter à moi ? Un uniforme crotté et rapiécé, un sabre rouillé qui ne trancherait même pas une rondelle de saucisson ; saltimbanque de cirque, imposteur, passe ton chemin samouraï de pacotille. Et puis d'abord je parle pas aux enculés.

Je (levant son sabre au-dessus de la tête du moine) : Moi, un imposteur, un saltimbanque ?! Tu ne sais pas à qui tu parles. Le samouraï de pacotille va te montrer que son sabre rouillé est encore assez effilé pour te couper en deux !

Vous : Tiens, voilà que s'ouvrent les portes des enfers.

Je, interloqué, abaisse son sabre sans mot dire.

Vous : Tiens, voilà que s'ouvrent les portes du paradis.

Nos perturbations ne sont que nos réactions.

Dogen

Mondo

Je : Je vois bien d'où vient ma colère, mais je ne peux jamais la réfréner lorsqu'elle arrive.

Vous : La colère est une folie passagère.

Je : Je le vois bien. Mais que faire à l'instant de l'étincelle qui provoque l'explosion ? N'y a-t-il point quelconque antidote ?

Vous : Depuis des temps sans commencement, les êtres figent des informations et se figent avec. Le genre humain et le genre animal les figent dans leur mémoire et s'appuient aveuglément sur elles. Le libre arbitre peut facilement être perdu. Je ne disconviens pas que ce mécanisme fabrique une sorte d'accumulation qui mêlée à la rationalité scientifique constitue un mécanisme de progression que certains appellent « le progrès ». Mais la plupart de ces êtres sont les jouets, les esclaves, les addicts de ces fixations. Ils n'en sont pas conscients dans les temps d'obscurité. Ils croient à leurs fixations dur comme fer. Ce sont des sédimentations qu'ils considèrent constructrices, qui établit beaucoup d'illusions comme l'idéal du moi, la communication par le langage et le souvenir de l'amour. Les hommes se fabriquent ainsi. Parce que leur maman les a chéris bébés, ils avalent tout cru tout ce qu'elles transmettent. Les langues et les cultures se congèlent de la même manière. Des meurtrières des préjugés aux meurtrissures de la dualité.

Je : Alors, le premier pas est de devenir lucide ?

Vous : Le monde n'existerait pas sans lumière.

Je : Mais comment devenir lucide ?

Vous : En abandonnant ses fixations.

Je : Mais ne sont-elles pas le siège de l'intelligence ? En laissant tomber la dualité, ne risque-t-on pas de ne rien voir ou alors un magma indistinct sans repères ni valeurs ? L'hôpital psychiatrique n'est pas loin.

Vous : Vous commencez à comprendre la voie du milieu.

Je : Que faire ?

Vous : Zazen.

Je : Qu'est-ce que c'est ?

Vous : Puis je t'expliquer le goût du saumon fumé ?

Sit and shut up.

Brad Warner

Viens t'asseoir

Un jour, je ne sais pas pourquoi, j'ai cessé de courir. J'ai pris le temps de m'asseoir comme le maître de méditation nous le montrait dans une posture dos droit et tête droite, assis sur un coussin noir, jambes repliées.

De suite, j'ai aimé le silence. La cloche qui marquait le début et la fin de la séance m'était familière alors que je ne l'avais jamais entendue.

On ne me demandait rien et personne ne me demandait plus rien. Étrange vide. Parfois même, je ne me demandais plus rien. Plus de question à poser. Pourtant mon mental reprenait le dessus et mes soucis revenaient à la charge. Je voyais mes soucis comme un cinéma. Et puis les vidéos s'estompaient et tout se calmait. Ça me faisait juste du bien de laisser tout aller, tout défiler, en arrêtant toute saisie et toute tentative de compréhension, tout commentaire. C'était bizarre, j'oubliais tout, mais je voyais tout. J'étais sourd-muet, aveugle, mais clairvoyant. Parfois, mes jambes me faisaient horriblement mal. D'autres fois, c'étaient des tensions dans mon dos, des douleurs entre les omoplates. Parfois, trop fatigué, il m'arrivait de m'assoupir. D'autres fois, des films érotiques apparaissaient dans ma tête et se traduisaient par une banale érection. Tiens les images dans la tête n'existent que dans ma tête et pourtant elles fabriquent une manifestation physiologique incongrue dans ce lieu de silence où personne ne bouge. Est-ce que les autres assis en rang d'oignons dans le dojo sont eux aussi dans leur monde intérieur, celui des pensées ? Le maître de méditation répétait sans arrêt de revenir à la conscience de la posture et de la respiration, comme un leitmotiv. Je remarquais que cela avait pour effet de sortir immédiatement du monde des pensées. Je me rendais compte que c'étaient elles qui pouvaient me pourrir la vie, qu'elles n'étaient pas réelles, qu'elles n'étaient que le fruit de pérégrinations imaginaires sur lesquelles je n'avais guère de prise. Il m'arrivait de vouloir mener bataille contre elles, ou certaines d'entre elles ; elles revenaient à la charge encore plus fort. Plus je les combattais pour les supprimer, puis je les renforçais. Plus je les laisser filer et plus elles me fichaient la paix. Je commençais à voir que la paix se faisait d'abord en moi justement en laissant défiler les pensées. Il m'arrivait aussi de ressentir de l'ennui dans cet « ici et maintenant de la posture et de la respiration », comme le répétait inlassablement mon maître de médiation de l'époque. Et j'avais remarqué que l'ennui était aussi une pensée de réaction qui se dissipait elle aussi avec la méthode de laisser défiler les vidéos mentales. Quand j'essayais de lutter contre l'ennui, j'allais m'évader dans des souvenirs d'images agréables, comme la maison de campagne de mes parents lorsque j'étais adolescent. Je pouvais me souvenir des morceaux de violon que je jouais devant le chevalet, de l'odeur de l'âtre, et des rosiers rouges en fleurs qui bordaient le portail d'entrée. En laissant aller l'imagination, je pouvais même entendre la voix de ma mère. Il n'y avait plus d'ennui.

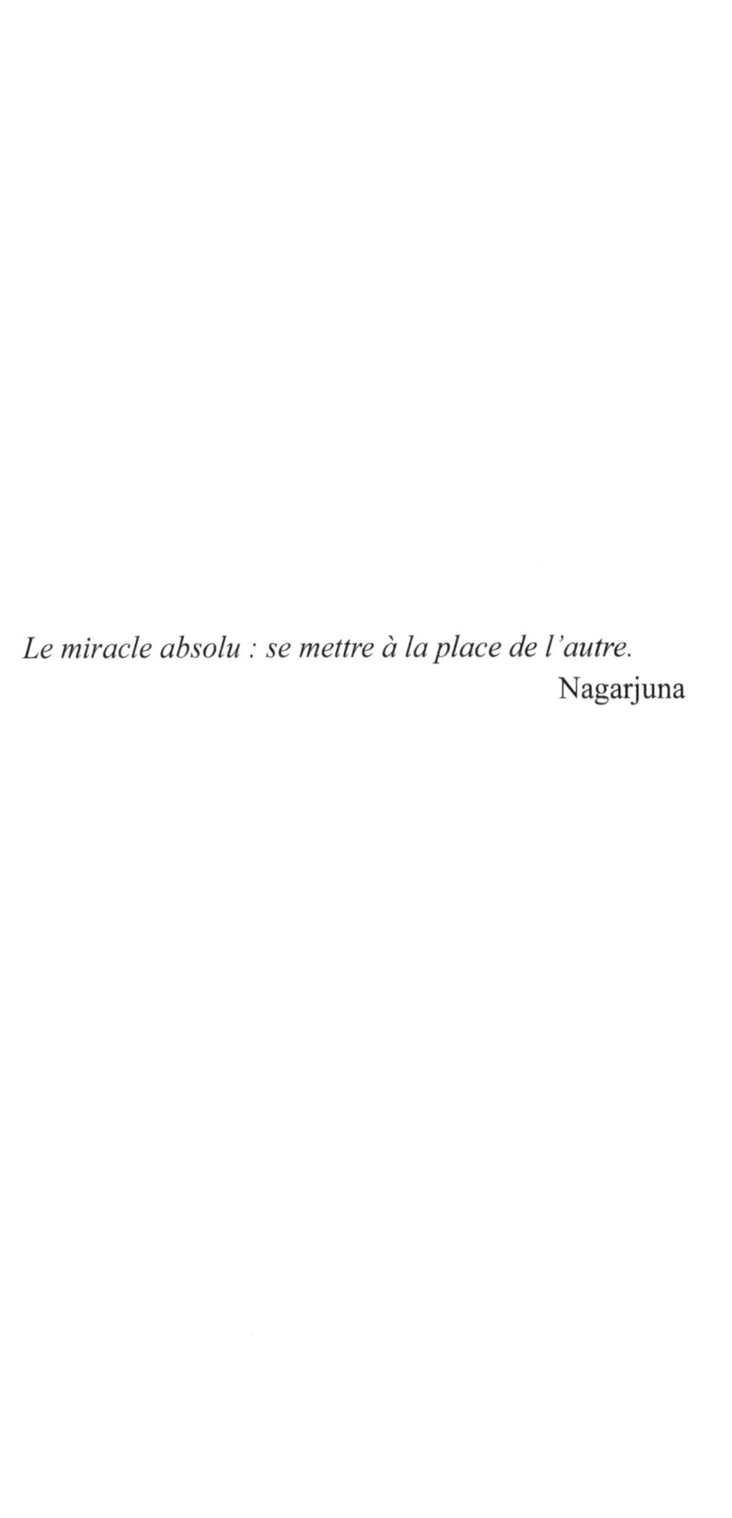

Le miracle absolu : se mettre à la place de l'autre.

Nagarjuna

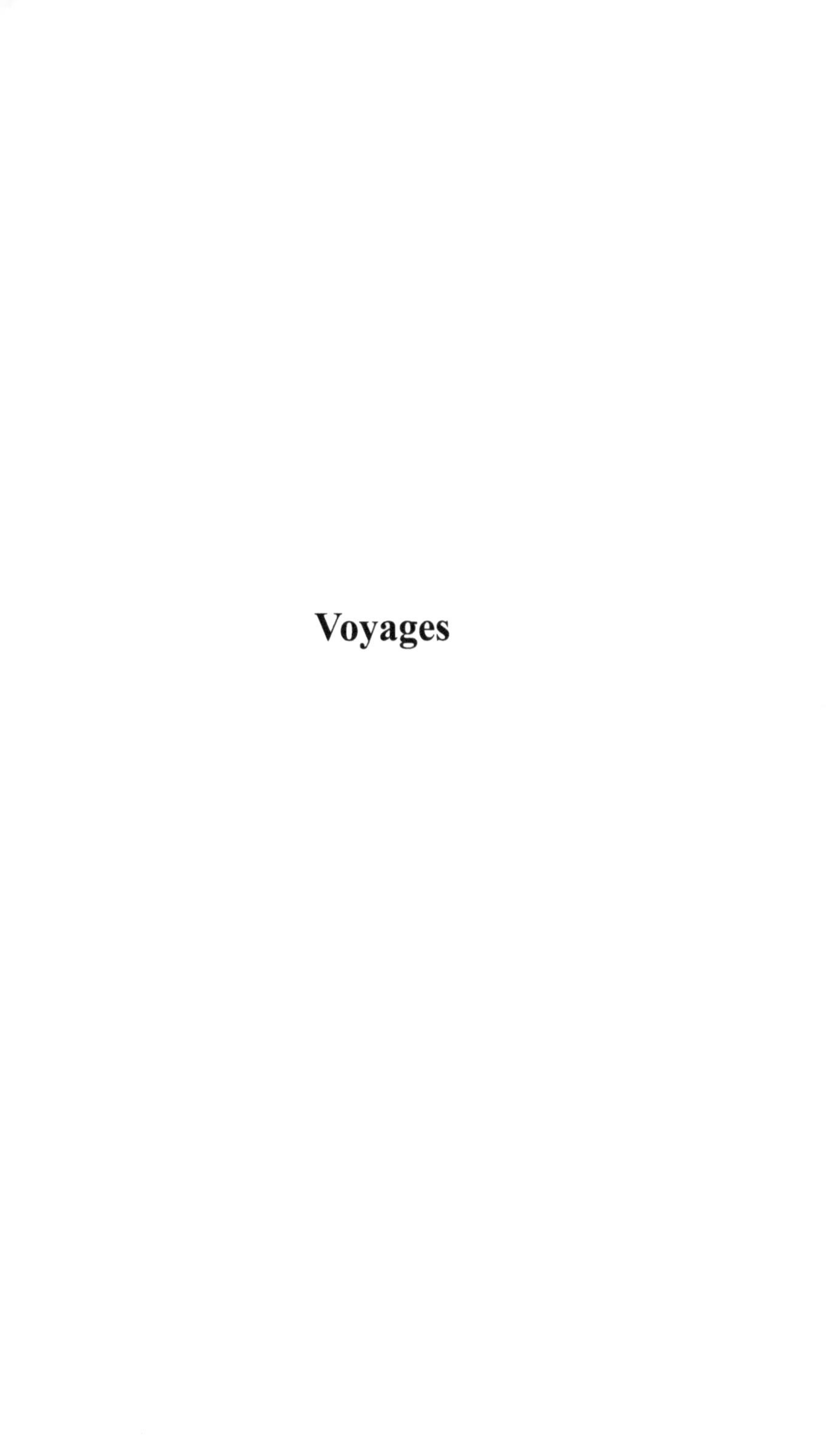

Voyages

Le cochon Bodhisattva

Au début je n'étais pas trop d'accord. Je me suis débattu. La pointe dans mon cou m'a fait mal. J'ai hurlé bien que je sache. J'ai senti le carburant vital me quitter. Mais ce n'était qu'une partie qui partait, je me disséminais. Je sentais que je me donnais pour devenir le repas futur des autres, possibles goinfres. Je leur faisais l'offrande de mes constituants qui s'étaient réunis pour un temps et qui retournaient à leur état normal, dans la conscience de leur dispersion. Et cette conscience nouvelle plus précise était légère, généreuse. Je disparaissais pour se donner à manger à d'affamés faméliques. Mais tout ce qui me constituait ne disparaissait pas, il se réagençait dans d'autres formes. Il participait du vivant. Je me souvenais de cette sensation lorsqu'autrefois assis en zazen je m'oubliais et devenais l'espace, apaisé, ressentant les moindres brises, captant toutes les vibrations, rêvant tous les rêves sans lien de forme et sans lien de mot. Chacune des molécules qui s'étaient agrégées pour me former continuait son voyage sans fin, s'accrochant pour un moment à une âme sœur pour former alors une nouvelle bribe de conscience nouvelle sans cesse changeante. Des traces d'ancienne conscience surgissaient parfois, comprenant le don de soi et le souhait de l'oubli sacrificiel, don suprême pour l'humanité affamée. Mon sang dans un coucher de soleil rouge.

Le cycliste renversé

Avant de devenir sujet d'études à l'Institut Médico-Légal, j'étais ouvrier chez Berliet. J'aimais mon travail de domestiquer de lourdes pièces de fonte qui, comme par magie, faisaient se mouvoir les camions qui sortaient de mon usine. J'avais quitté mon Algérie natale pour trouver un sort meilleur en France. Je n'avais pas fait d'études, mais savais lire et écrire le français grâce à un instituteur pied-noir qui me traitait comme un fils. Il m'avait donné envie d'aller en France.

Je n'avais qu'un vélo pour aller au boulot. Je me levais tôt. Ce matin-là, je n'ai pas vu au croisement ce camion de laitier qui m'a percuté. Il faisait nuit et la dynamo du vélo ne donnait qu'un éclairage blafard. Sûr qu'il ne m'a pas vu ; il ne s'est pas même arrêté.

J'ai senti le choc, la percussion de l'asphalte et ma tête sur l'arête aiguë du granit du trottoir. On dit : « perdre connaissance » ou « sombrer dans l'inconscience ». Mais il me semblait que je demeurais encore conscient de quelque chose. Simplement mes repères habituels avaient disparu : je me fichais du lieu et de l'heure, je ne sentais plus mon corps qui était comme flottant. Il faisait nuit selon mon récit, mais ce n'était pas noir ou sombre. J'éprouvais comme une légèreté d'oubli, qui effaçait toute préoccupation. Une sorte de temps suspendu de transition, qui me fait percevoir avec acuité que tout n'était que transition. Ils ont dû emmener mon corps inconscient dans une civière de pompiers à l'hôpital ; j'entendais les sons, les voix des pompiers, des médecins et de l'aide-soignant désabusé, un affairement éloigné. Ce demi-sommeil filtrait l'absurde va-et-vient de la comédie humaine. La fourmilière anesthésiée.

Lorsqu'ils ont placé mon corps dénudé sur le métal froid, c'est comme si je me voyais, suspendu au-dessus de mon corps. Rien ne me faisait mal. Même quand je me suis vu partir en mille morceaux, découpé par la lame du professeur. J'avais vu au cinéma un documentaire sur ces corps morts au Tibet que l'on découpait et laissait sur les rochers des montagnes, s'envolant ensuite dans les estomacs des vautours locaux. Où est ma conscience dans les champs de l'espace ?

Si c'était cela la mort, ce n'était pas si terrible. Enfant, j'avais vu des pleureuses, gémissant à l'excès leur chagrin au cimetière. Inutile et compréhensible rébellion. Pourquoi faire tant de cas de la mort, alors que ce n'est jamais que retourner là d'où l'on vient, disséminé en toutes choses ?

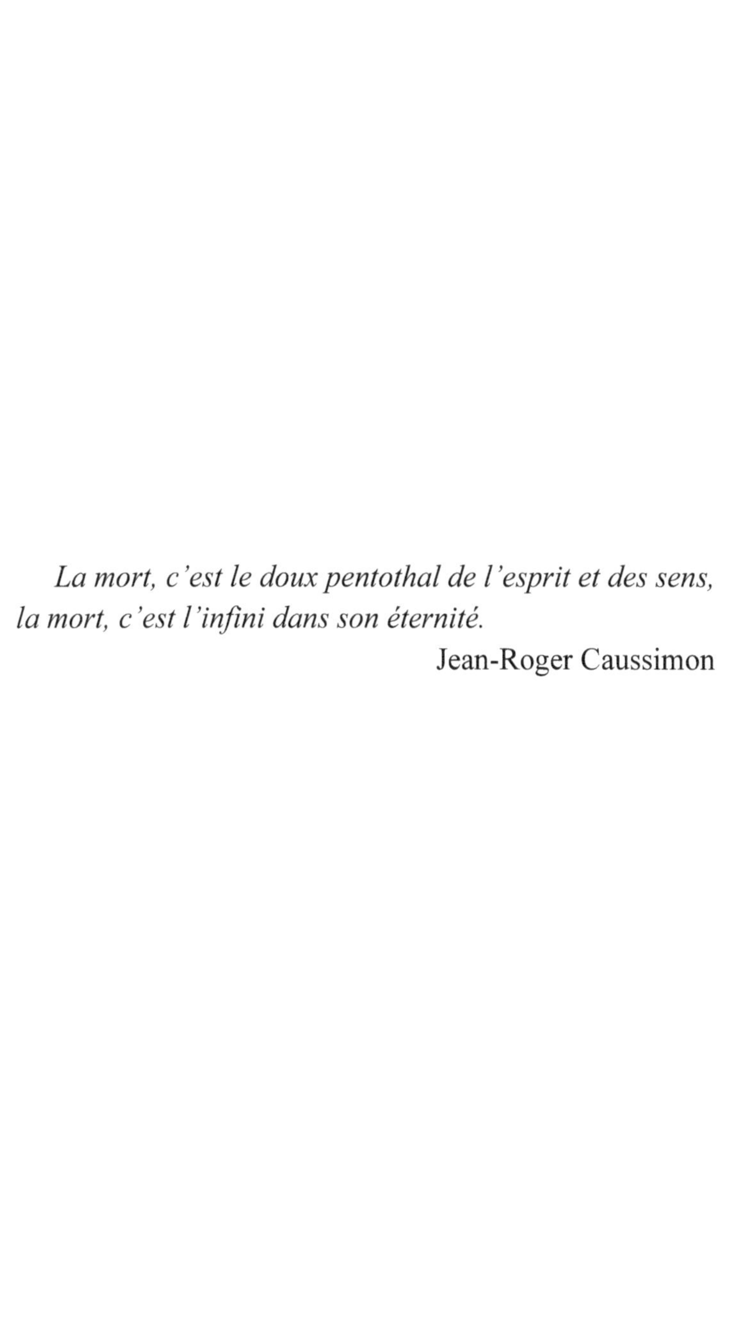

La mort, c'est le doux pentothal de l'esprit et des sens,
la mort, c'est l'infini dans son éternité.

Jean-Roger Caussimon

Mondo

Je : Maître, qu'est-ce que la mort ?

Vous : Si tu me poses la question, tu es déjà mort. Vie et mort existent. Vie et mort n'existent pas.

Je : Je ne comprends pas.

Vous : Tu es ancré sur début et fin et ne vois pas la réalité. Est-ce que *ton* monde est *le* monde ?

Je : Je comprends. Mais je suis bien né, et je vois bien que je ne pourrai échapper à la mort.

Vous : Être un « moi » est un sentiment, une perception d'identité, la conception d'un ego séparé. La fixation à cette perception est une illusion, l'attachement éperdu à une fiction qui fait regarder par le petit bout de la lorgnette, voir le Nord sur la boussole et aller au Sud. Prenons ton « début », ordinairement appelé « naissance ». Conventionnellement désignée au moment où le bébé sort du ventre de sa mère. S'il y a une « naissance », c'est donc qu'avant il n'y a rien. Or, avant la naissance, il n'y a pas rien. Il y a 9 mois de vie dite intra-utérine. Donc le début serait la rencontre du spermatozoïde et de l'ovule, cellule microscopique et déjà « moi », devenant avec le sang nourricier, amande, abricot, pomme, pamplemousse, pastèque et à maturité, expulsion. Avant cette rencontre fusion, il n'y a pas rien non plus ; on pourrait dire que « Je » est simplement séparé en deux, à la génération des grands-parents en quatre, des arrière-grands-parents en huit et ainsi de suite. Jusqu'où ? Où est le sentiment du moi ? Ne vient-il pas ultérieurement, par la fixation des informations fournies des parents et éducateurs, repères mémorisés dans le périple : prénom, nom, appartenance, date et lieu de naissance, fiche d'état civil ? Les représentations s'incorporent. Elles prennent le pas sur la réalité. La dénomination du fleuve est-elle le fleuve ? Ainsi, la naissance du fleuve serait sa source. Avant la source, n'y a-t-il pas les filets d'eau souterrains ? Ceux-ci ne sont-ils pas reliés à la source ? La source n'est-elle pas reliée à tous ses affluents ultérieurs ? Dans son trajet, le fleuve se charge de boue, d'effluents toxiques, de rejets de stations d'épuration, il reçoit la pluie qui devient fleuve, la neige qui l'épouse et se fond en lui, il porte en lui algues d'eau, poissons, grenouilles, libellules et cygnes. Lorsqu'arrive sa « fin », l'instant où sur le tracé de la carte, il disparaît dans la mer, en quoi est-il séparé du grand océan ?

Du grand océan s'élèvent les vapeurs de nuage qui vont tomber en pluies pour reformer les sources. Où les sources commencent-elles ?

Koan
Quel âge a l’eau ?

Le petit voleur

Je n'ai jamais compris pourquoi je n'avais pas ce que les autres avaient. Déjà petit garçon, je voulais avoir ce qu'avaient les autres. Non, je ne manquai de rien, même si mes parents n'étaient pas riches, on vivait normalement d'un confort pesant et petit-bourgeois. J'avais une collection de voitures miniatures, mais il suffisait que je voie mon copain être heureux avec sa toupie pour vouloir sa toupie. J'oubliais tout. Et je n'avais de cesse de l'obtenir. Par tous les moyens. Même par ruse ou par bagarre. Car il refusait mon bougre de copain de me faire profiter de son bonheur toupie. Au fond, je m'en fichais de sa toupie, ce que je voulais, c'était le bonheur qu'il avait avec sa toupie. Tout s'est enchaîné par la suite. Du porte-monnaie de ma mère au portefeuille de mon prof de maths. J'avais remarqué que l'argent rendant puissant. On pouvait avoir ce qu'avant on n'avait pas. Je suis devenu accroc à l'argent. Je n'aimais pas spécialement faire du mal à autrui, mais je n'aimais pas qu'on me résiste. Je suis rentré dans le monde des menaces et des coups. Non par plaisir, mais par nécessité. Un jour, un pote de maison d'arrêt m'a fait rêver. L'argent se trouvait dans les banques et les fourgons blindés. En quantité. On a monté un coup. À l'époque, on pouvait se procurer des armes de guerre. Je me rappelle encore l'adrénaline du braquage et du flic mort. Le rêve est devenu cauchemar. 20 ans de taule. J'ai longtemps haï tous ces gens bienpensants, juges, procureurs, flics, pays ou assistantes sociales. La société entière qui me refusait ce que je voulais que je n'avais pas.

Mondo

Je : Je suis souvent la proie de nombreux désirs. Pourquoi suis-je autant excité par tout ce que je n'ai pas ? Qu'est-ce qui crée l'esprit de manque ?

Vous : Celui qui est prisonnier du manque est dans une prison. Celle où il ne voit pas, parce que personne ne lui a appris ou montré, que l'esprit de manque de manque provient de l'incapacité à donner.

Celui qui est emmuré dans cet esprit traverse beaucoup d'enfers. Il imagine qu'il lui manque toujours quelque chose. Imagine est le bon mot. Comme image de l'imaginaire. C'est un monde fictif, comme toutes les images, les photos, les films, les vidéos. Elles sont mentales et puissantes. Rusées et pour la plupart des êtres inconscientes au point qu'ils s'identifient à elles. Il ne suffit pas de décréter que voler est un péché, d'en faire un interdit pour mettre un terme à la perturbation. Lorsque la baignoire déborde, le fou passe la serpillière, le sage ferme le robinet. On est riche de ce qu'on donne.

Je : Comment puis-je être riche de ce que je n'ai pas ?

Vous : Tu n'as pas bien regardé.

Je résiste à tout, sauf à la tentation.

Dorian Gray

Si tu veux par la volonté mettre fin à tes perturbations, cela n'aura pas d'autre effet que de multiplier par deux la maladie.

Dogen

Le chauffeur livreur libidineux

J'ai tout pour être heureux. Un bon job bien payé et varié : je livre des colis, de ceux que les gens attendent et qui viennent des bateaux d'outre-mer. Je ne sais jamais ce qu'il y a dedans. D'ailleurs je m'en fous. Je n'ai qu'une seule idée qui me taraude du matin au soir. Attendre les petites filles à la sortie des écoles. Elles m'émeuvent ces petites grandes personnes déjà femmes et coquettes. J'engage la conversation pour un motif futile. Elles ne sont jamais farouches. Je crois que j'aime leur innocence apparente alors qu'elles savent instinctivement qu'il n'en est rien, qu'elles sont déjà dans le jeu de la séduction. Je sais que ce n'est pas bien. Mais juste les toucher dans leur intimité, prémisse de l'origine du monde m'électrise. Je ne crois pas être un monstre. C'est ce qu'ils m'ont dit les flics lorsqu'ils m'ont serré. Et puis je ne leur ai jamais fait de mal. Juste regarder et toucher. Pas autre chose. Même pas la peur d'être reconnu par les enfants. Même l'avocat, j'ai bien vu qu'il me jugeait avec désapprobation. Alors, j'ai senti la honte comme une onde envoyée par la société. La honte, ce sentiment d'être incompris et rejeté, de ne pas être à la hauteur attendue, de cette image de soi qui vient des autres. J'ai pleuré devant l'avocat. Bizarrement, seul le juge aux lunettes ne m'a pas jugé. On aurait dit qu'il gérait. Il a été gentil au fond et ne m'a pas envoyé en prison ; cette prison que j'imaginais comme un cachot comme le placard noir où m'enfermait autrefois mon père et où j'avais peur de ne pouvoir plus jamais sortir. Cette peur me rendait hystérique et mon père croyait enfermer l'hystérie. J'ai remarqué ainsi de bonne heure que plus on voulait barricader la pulsion, plus on l'excitait. Plus tard, j'ai expérimenté la même chose avec les choses du sexe. À l'adolescence, la seule initiation reçue fut celle de ma mère très pieuse qui m'affirmait que si je touchais mon zizi, le Bon Dieu remplacerait ma main par un fer rouge. Cette menace était pour moi surtout la preuve du feu du plaisir, surévalué par l'interdit et le châtiment.

Maître, libère mon esprit.
Qui t'a enchaîné ?
Personne.

Houang Pô

Mondo

Je : Je suis parfois effrayé par tout ce qui nous conditionne, nous influence ; j'ai parfois l'impression de ne pouvoir résister à cette prison. Certains de nos héritages sont comme des carcans. Comment libérer mon esprit ?

Vous : La soif de libération est déjà la marque d'une humanité qui prend conscience, de la chrysalide qui devient papillon. Tous les êtres n'ont pas cette détermination ; mieux, ils ont besoin de ces chaînes tant qu'ils sont immatures, un peu comme les jeunes plantes ont besoin d'un tuteur pour pousser droit. Sinon, l'enfant est brutal et cruel. Puis l'adolescence cherche à expérimenter les limites et à les dépasser. C'est ce passage que tu expérimentes. Il en est de même pour l'humanité. Je crains fort que l'humanité actuelle n'en soit encore qu'au stade de l'enfance.

Je : Je comprends. Mais vous ne répondez pas à ma question.

Vous : La maturité survient lorsqu'elle se connecte au réel. L'enfant ne voit que ses rêves comme importants.

Je : C'est bien ma question : qui fabrique ces rêves chez l'enfant ?

Vous : Je crains fort que ce ne soient des parents-enfants.

Les petits chênes ont du mal à pousser sous l'ombre des grands chênes.

Le bidasse incendiaire

J'ai toujours passé mon temps à mentir. Je lâchais aux autres ce qu'ils voulaient entendre. Comme ça, ils me fichaient la paix. Je ne voulais pas être dérangé. Surtout par mon père. Je voulais rester dans mon monde. Celui de la nostalgie où ma mère et sa tendresse étaient toujours là. Je ne voulais pas sortir de mon cocon fœtal. Et puis un jour ma mère s'en est allée. Mon père m'a dit : elle est montée au ciel. En me disant cela, il me confortait dans mes bobards, car je me rendais bien compte que c'en était un, et un gros. Et puis, j'avais remarqué que toute vérité n'était pas bonne à dire et qu'elle pouvait engendrer un mal plus grand. Comme quand les médecins ont dit à ma mère qu'elle avait un cancer. Je l'ai vue rentrer à la maison ce soir-là. Et j'ai vu dans ses yeux la mort qui n'était pas dans son regard le matin, avant qu'elle rencontre son docteur.

Imprimé en Allemagne
Achevé d'imprimer en juillet 2023
Dépôt légal : juillet 2023

Pour

Le Lys Bleu Éditions
40, rue du Louvre
75001 Paris

www.ingramcontent.com/pod-product-compliance
Lightning Source LLC
LaVergne TN
LVHW050316160826
845677LV00014B/3432
9791042201258